JEAN LAFOND
UN LIVRE D'HEURES ROUENNAIS
ENLUMINÉ D'APRÈS
LE SPECULUM HUMANÆ SALVATIONIS
(Bibliothèque de Cherbourg)

SOCIÉTÉ

DES

BIBLIOPHILES NORMANDS

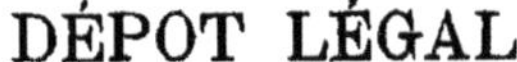

DÉPOT LÉGAL

UN LIVRE D'HEURES ROUENNAIS

ENLUMINÉ D'APRÈS

LE *SPECULUM HUMANÆ SALVATIONIS*

REPRODUCTION PHOTOTYPIQUE
D'UN MANUSCRIT DE LA BIBLIOTHÈQUE DE CHERBOURG

Précédée d'une Notice

Par JEAN LAFOND

ROUEN
IMPRIMERIE ALBERT LAINÉ
5, rue des Basnage, 5

M. CM. XXIX

A Monsieur Henri OMONT
Membre de l'Institut.

INTRODUCTION

Le manuscrit n° 5 de la Bibliothèque de Cherbourg se recommande par plus d'un titre à l'attention des Bibliophiles normands.

C'est un Livre d'Heures à l'usage de Rouen. Il a appartenu pendant plus de deux cents ans à une famille du Cotentin, dont chaque génération a chargé ses feuillets d'inscriptions curieuses. Enfin, nous allons montrer qu'il a été peint à Rouen, dans les premières années du XVIe siècle, par des miniaturistes qui travaillèrent pour le cardinal Georges Ier d'Amboise.

Mais il se trouve aussi que ses peintures offrent, au point de vue de l'iconographie religieuse, un intérêt général. Une fois de plus, la Société des Bibliophiles normands aura mis en lumière un livre humble d'aspect et sans gloire, mais qui ne sera pas sans enrichir notre connaissance de l'art chrétien.

DESCRIPTION BIBLIOGRAPHIQUE

Notre Livre d'Heures se compose actuellement de cent quarante-quatre feuillets de parchemin chiffrés, et de cinq feuillets de garde (deux au début et trois à la fin), où sont inscrites des marques de possession qui retiendront notre attention tout à l'heure. Mesurant 175 millimètres sur 130, il est couvert d'une reliure en veau brun (1).

En procédant à la minutieuse analyse bibliographique dont nous sommes heureux de reproduire ici le résumé, notre savant ami M. Emile-A. Van Moé a pu constater que le petit office de la Sainte Vierge et l'office des morts suivaient l'usage de Rouen.

Fos 1 r°-11 v° (avec un feuillet 9 *bis*), CALENDRIER (en français).

Fos 12 r°-16 v°, EXTRAITS DES EVANGILES : *Joan.*, I, 1-14 ; *Luc.*, I, 26-38 ; *Matth.*, II, 1-12 ; *Marc.*, XVI, 14-20. (Le début de l'Evangile selon saint Jean est encadré d'une miniature à pleine page (f° 12 r°). La fin (f° 13 r°) est suivie de l'antienne *Te invocamus,* du verset *Sit nomen Domini benedictum* et de deux oraisons *Protector in te sperantium* et *Ecclesiam tuam.* Le dernier extrait est suivi de la bénédiction *Per evangelica dicta deleantur nostra delicta.*)

Fos 16 v°-22 v°, PRIÈRES A LA SAINTE VIERGE : *Obsecro te...* (f° 16 v°) ; *O intemerata...* (f° 19 v°). (Les pages où commencent ces prières sont ornées d'une bande marginale décorative. Ces prières sont rédigées pour un possesseur masculin : *et michi famulo tuo* (f° 12 r°) ; *et esto michi miserrimo peccatori* (f° 20 v°)).

Fos 24 r°-57 v°, PETIT OFFICE DE LA SAINTE VIERGE selon l'usage de Rouen :

F° 24 r°, Matines.

(1) *Catalogue général des Manuscrits des Bibliothèques publiques de France.* Départements, t. X. Paris 1889, in-8°. La notice des manuscrits de Cherbourg a été rédigée par M. G. Amiot.

F° 31 v°, Laudes. Les Laudes sont suivies des suffrages du Saint-Esprit, de saint Nicolas, de saint Romain et de sainte Catherine.

F° 40 v°, Prime.

F° 44 v°, Tierce.

F° 47 r°, Sexte.

F° 49 v°, None.

F° 51 r°, Vêpres.

F° 54 v°, Complies.

Le commencement de chacune des Heures est encadré d'une miniature à pleine page, de même que le commencement des Heures suivantes :

F°s 58 r°-60 r°, HEURES DE LA CROIX.

F°s 60 v°-62 v°, HEURES DU SAINT-ESPRIT.

F°s 64 r°-76 v°, PSAUMES DE LA PÉNITENCE suivis des LITANIES. Le début des Psaumes est encadré d'une miniature à pleine page. Les Litanies se terminent par les trois oraisons : *Deus, cui proprium est...; Ure igne sancti Spiritus...; Animabus quesumus Domine...*

F°s 77 r°-106 v°, OFFICE DES MORTS selon l'usage de Rouen (neuf leçons). Le début est encadré d'une miniature à pleine page.

Entre les feuillets actuellement cotés 106 et 107, il y a une lacune d'un feuillet qui, avec le commencement des prières suivantes, comportait probablement une miniature à pleine page.

F°s 107 r°-113 r°, LES QUINZE JOIES DE LA VIERGE (en français). Incomplet du début. Commence à « ... vous eustes en terre de vostre cher fils. » Voir LEROQUAIS, *Les Livres d'Heures...*, t. II, p. 310. Noter que le présent texte omet le mot *joie* à la dixième invocation, qui concerne la Passion.

Chaque invocation commence, fautivement, par l'initiale *E*, qui n'a pas de rapport avec le texte. Les Livres d'Heures à l'usage de Rouen Y 151, Y 153, Y 154, Y 156, Y 158, Y 161 (Bibliothèque de Rouen) présentent la même particularité, qui n'est peut-être pas une erreur.

F° 110 v°, LES SEPT REQUÊTES A NOTRE-SEIGNEUR (en français). Voir

Leroquais, *ibid.*, p. 309. Le f° 110 v° est orné d'une bande marginale décorative.

F° 113 r°, *Saincte vraye croix adorée...*

F° 113 v°, blanc.

La composition du calendrier confirme encore le caractère rouennais du Livre d'Heures. Les saints honorés en Normandie y figurent en grand nombre, souvent marqués en lettres rouges. Le nom de saint Romain (dont la translation est inscrite au 16 juin) brille en or à la date du 23 octobre (1).

Comme le montrera la notice de la planche XVI, les litanies des Saints confirment encore le témoignage du calendrier.

LES POSSESSEURS DU LIVRE

Acheté en 1831 par la Ville de Cherbourg, notre manuscrit faisait partie de la collection Duchevreuil (d'Equeurdreville). Auparavant, il avait servi, deux siècles durant, à une famille noble du Cotentin, qui revit dans ses pages, grâce à des inscriptions tracées par Jean Ier Louvel et par les femmes ou les filles de ses descendants (2).

Ces « marques de possession » offrent assez d'intérêt pour être reproduites ici en entier, dans leur ordre chronologique probable, d'après une transcription contrôlée par M. Paul

(1) M. Van Moé a remarqué un calendrier presque identique dans un livre d'heures de la Bibliothèque de Rouen (Y 151).

(2) Sur la famille Louvel, voir Renault : *Revue monumentale et historique de l'Arrondissement de Coutances*, dans *Annuaire de la Manche*, année 1853, pp. 56-63. (Canton de Montmartin-sur-Mer, commune de Contrières.)

Le Cacheux, pour qui l'histoire du Cotentin n'a pas de secrets :

F° 20 r° :

Jehan Louvel, sieur de monceaulx.

F° 110 v° :

J[e]han Louvel loue † dieu.

(Voir notre planche XVIII).

F° 113 r° :

Loue et honore dieu. Jehan Louvel.

En tête du livre, au verso d'un des feuillets de garde :

Ces présentes heures ycy apartienest à noble damoyselle Jossyne de Rochebaron, fame de monsieur le capitaine monsieur de Moncheaulx. Elle prie à ceulx qui les trouveroyent qui les y rende et elle sera courtoyse du vin au dit de gens de bien, tesmoing André Monrocq et aultres 1562.

Jentens bon heur
Rochebaron.

Jésuz soit en ma tête en mon entendement
Jésuz soit en mon cœur et en mon pensement
Jésus soit en mesz ieulx en mon regardement
Jésus soit à mon piet et à mon marchement
Jésus soit à ma fin et à mon trépasement
Amen.

A la fin du livre, au verso de l'avant-dernier feuillet blanç (non coté).

pasiense,
Rochebaron,
Jossine de Rochebaron.

pacience,
Jossine de Rochebaron.

Je veulx et ne puys.

Sur le dernier feuillet blanc :

Le no[m] de Jossine de Rochebaron retourney.

Quatrain

de bon renon seray chois

Quatrain :

Je quite tous les biens de fortunne
estimant la vertu mieulx sent fois
et toutes les biautés..............
puisque de bon renon seray [*chois.*]

Jatens bonheur Rochebaron.

F° 22 v° :

Ces heures apartiennet à prezent à noble damoiselle claude de launay dyeu me face la grace de luy fere prières qui luy soyont agréables et parvenyr a la vye éternelle. Amen.

††† *A PREZENT 1597* †
(paraphe)

F° 23 v° :

Ces heures apartienent à present à noble damoiselle barbe de croville espouze de noble seigneur robert louvel seigneur de monceа[ulx] contrières comté et la réaulté. Ceux qui les treuverront sont priés de les luy rendre et elle leurs en sera obligée. faict ce quynze may 1632.

F° 63 r° :

Sy par malheur ses présentes heures estoient perdues ceulz qui les treuveront sont priés de les rendre à noble dame renée de saincte marie fille de feu monsieur d'agneaux espouze de noble seigneur Jean Louvel seigneur et patron de contrières et de la conté. Je prie dieu que il m'en puisse bien servir et me donne son paradis a la fin de mes jours. Ainsy soit il. Ce douziesme jour d'avril 1665. †††

Une seconde inscription a été raturée.

F° 23 v°.

Ces heures appartiennent à noble dame marg[ueri]tte françoise gaultier femme de françois louis louvel escuyer seig[neur] et patron de contrières. Ce deuxiesme juin 1719.

F° 63 v° :

Ces heures apartiennent presentement à noble dame madeleine françoise gaultier épouse de messire louis françois Louvel é[cuye]r seig[neu]r et patron de contrières.

Sur le feuillet de garde, au début du livre, après la prière versifiée *Jésus soit en ma tête...* :

Ces heures appartiennent à present à noble dame marie magdeleine françoise de louvel épouse de messire adrien léonor de mons.

Ces heures appartiennent à present à noble dame marie catterine saint martin cavigny épouse de messire adrien léonor de mons.

Varreville.

F° 62 v° :

Ces heures appartiennent à présent à noble dame marie jacqueline cauvet épouse de messire jean charles de mons ce 12 mars 1754.

Au verso des feuillets 72 et 86 le nom *Jean monmelien* est écrit deux fois, en travers.

« NICOLAS HUSE » ET SON ŒUVRE

En préparant avec mon ami M. Georges Ritter les notices du bel album de miniatures publié en 1913 par la Société de l'Histoire de Normandie (1), j'ai eu l'occasion de mettre en

(1) Ritter et Lafond : *Manuscrits à Peintures de l'Ecole de Rouen*, Rouen et Paris, 1913, in-4°.

lumière un artiste rouennais qui contribua à la décoration des plus célèbres manuscrits du cardinal Georges Ier d'Amboise : *Antiquités judaïques* de la Bibliothèque Mazarine (ms. 1581), *Chronique de Monstrelet* et *Fleur des Histoires* de la Bibliothèque Nationale (mss. fr. 2678 et 54).

A ce peintre et à son atelier, j'attribuais déjà, avec un beau Livre d'Heures de l'Arsenal (ms. 416), notre Livre d'Heures de la Bibliothèque de Cherbourg.

Fallait-il mettre tout cela sous le nom de « N. Huse ». déchiffré par M. F. de Mély sur une miniature des *Antiquités judaïques*(1), et appliqué par lui à l'enlumineur Nicolas Hiesse, cité dans les comptes de l'Archevêché de Rouen pour les années 1502 et 1503 ?

On sait que si M. F. de Mély a eu le grand mérite de ruiner pour toujours le faux dogme de l'anonymat de l'œuvre d'art au moyen âge, les « preuves » sur lesquelles il prétendait étayer sa démonstration ne sont pas toujours d'une sûreté absolue.

(1) F. de Mély : *Le Josèphe de la Mazarine et ses Enlumineurs...* dans la *Gazette des Beaux-Arts*, avril 1911, pp. 191-198.

Ce groupe de lettres N. HVSE est en effet tracé, parmi d'autres caractères sans signification apparente, sur la miniature du fol. 371. (Voir ci-dessous la notice de notre planche documentaire n° 4.) Nous l'avons retrouvé dans une autre miniature du même manuscrit, et, sous la forme HVS, dans le Livre d'Heures de l'Arsenal (Ritter et Lafond, *op. cit.*, p. 26.)

De longues inscriptions, plus ou moins lisibles, se rencontrent fréquemment dans les ouvrages de notre atelier comme décor des architectures.

En ce qui concerne les *Antiquités judaïques*, sa répartition des miniatures entre « Nicolas Huse », Jean Pichore et Jean Serpin était tout d'abord sujette à caution. C'est ainsi que nous avons dû classer, M. Georges Ritter et moi, parmi les miniatures de Jean Pichore, celle-là même où M. de Mély, interprétant trop ingénieusement une simple touffe d'herbes, croyait avoir découvert la « signature » de Jean Serpin.

Bien que paraissant moins fantaisiste, la « signature » de Jean Pichore ne méritait pas plus de crédit. En examinant, cette année, la miniature du fol. 154 r° des *Antiquités judaïques*, où M. de Mély avait isolé les lettres AN PISEVR, je me suis rendu compte que l'I était un E incontestable. L'inscription entière se lit ANPESEVR LE TRES PVISSANT ET... Sans doute a-t-elle été suggérée à l'artiste par le sujet de la miniature : le *Couronnement de Salomon*. Là où M. de Mély apercevait « Jean Piseur », on ne trouve donc qu'un « empereur » mis à mal par un scribe inhabile.

Il reste, et c'est aussi très curieux, que l'attribution du « second groupe » à Jean Pichore demeure fort vraisemblable.

Voici maintenant que, réimprimant dans un magnifique volume sa première étude, parue dans la *Gazette des Beaux-Arts*, M. de Mély substitue un « N. HVSZ » au primitif « N. HUSE ». L'auteur a pris soin de figurer sa nouvelle leçon en caractères spécialement fondus, mais il avait fait le même honneur à la précédente, seule conforme au manuscrit. La transformation s'est opérée en faveur d'une hypothèse nouvelle, notre artiste étant « très probablement un membre de la célèbre famille d'imprimeurs lyonnais (1). »

Devant de pareilles métamorphoses, on comprendra que nous gardions une certaine réserve. « Nicolas Huse » ne paraît dans ces pages, comme dans notre notice de 1913, qu'entre guillemets, et pour désigner plus commodément — à titre essentiellement révocable (2) — l'auteur du premier groupe des *Antiquités judaïques* (3).

Quoi qu'il en soit, notre Livre d'Heures de Cherbourg se classe, au point de vue artistique, entre les *Antiquités judaïques* et les Heures de l'Arsenal.

En insistant naguère sur la sécheresse du style, sur la raideur et le manque d'expression de « Nicolas Huse », je me fondais surtout sur le groupe de miniatures des *Antiquités judaïques*. Dans les Heures de l'Arsenal, je retrouvais un

(1) F. de Mély : *Les Primitifs et leurs signatures*. Paris, 1913, in-4°, pp. 341-8.

(2) A noter que si l'hypothèse Husz se vérifiait, la prononciation allemande expliquerait peut-être la forme Hiesse rencontrée dans les comptes, et qui subsiste encore en Normandie, ainsi que les formes équivalentes Hisse, His, etc. Autrement, le passage de *Huse* à *Hiesse*, si facilement admis par M. de Mély, constitue une véritable difficulté philologique.

(3) Ce premier groupe comprend les miniatures des fol. 71, 108, 311, 349, 371 et 389. Ritter et Lafond, *op. cit.*, pp. 11 et 24. Son unité est beaucoup plus évidente que celle des deux autres « groupes » de six peintures. Elle ne saurait être contestée.

reflet plus certain de la grâce suave de Jean Bourdichon, modèle commun de tous les miniaturistes rouennais au début du xvie siècle. La notion même d'atelier, impliquant un travail collectif, rend compte de ces différences de qualité, qui disparaissent d'ailleurs dans tout un ensemble d'affinités et de ressemblances.

Les unes et les autres apparaîtront aussitôt à qui consultera ci-après (à défaut de nos *Manuscrits à Peintures de l'Ecole de Rouen*) nos planches documentaires 3 et 4.

C'est le moment de rappeler que toute reproduction phototypique fait un tort considérable aux miniatures et surtout aux miniatures de valeur moyenne, dont le charme indéniable tient pour la plus grande part à la perfection technique d'un travail *loyaument ouvré de bonnes et fines couleurs*. Les rehauts d'or, dont on cherchera vainement la trace sur les meilleures planches, sont la richesse d'une œuvre comme les Heures de Cherbourg. Je dirai mieux : ils en sont la vie. Leur omission prive toutes les draperies de leurs lumières, figurées par des traits et de fines hachures parfois entrecroisées, et ne laisse subsister, sur le ton local, que le tracé des ombres.

Dans le paysage — où l'or joue aussi son rôle, pour figurer l'herbe — les Heures de Cherbourg suivent fidèlement les pratiques de l'atelier. A la couleur bistre des premiers plans succède un vert jaune, formant la transition avec les lointains bleus. Le ciel, presque blanc à l'horizon, atteint le bleu foncé avec le haut de la miniature. Les arbres et les buissons sont d'un vert très foncé égayé de points d'or et de touches d'un vert clair qui se retrouve dans les gazons qui couvrent les rochers, de couleur grise ou beige.

En ce qui concerne les figures, nos miniaturistes donnent une carnation claire aux anges, aux jeunes gens et aux femmes, et un teint plus haut en couleur aux hommes et aux vieillards. Ils marquent les lèvres en rouge, même chez les plus petits personnages. Le corps de Bethsabée est ombré de gris-bleu. Ses cheveux blonds sont de la nuance gomme-gutte, avec des fils d'or. Les vieillards ont des cheveux gris avec des hachures foncées et des touches claires qui font défaut dans les chevelures brunes des hommes jeunes.

Décrirons-nous pareillement les architectures ? Elles sont caractérisées ici, comme dans les autres ouvrages de « Nicolas Huse », par la persistance d'éléments gothiques dans un décor Renaissance dont Jean Bourdichon avait emprunté la formule à Jean Fouquet. Les maçonneries épuisent toutes les nuances du gris. Elles sont le plus souvent décorées de panneaux de marbre rouges et verts.

Une des caractéristiques principales de notre livre, ce sont les encadrements d'architecture, purement gothiques, et tout pareils avec leurs niches, leurs statues et leurs frises, au palais de notre planche documentaire n° 3, tirée des *Antiquités judaïques*. Ces encadrements sont peints en or mat, avec des ombres brunes, et des lumières en or brillant. Leur exécution, gauche et lourde, fait ressortir le mérite des bordures à rinceaux, dont notre atelier emprunte la formule aux peintres rouennais du Missel Perchart (1).

« Nicolas Huse » — nous l'avons déjà observé en 1913 — est en effet l'héritier des maîtres qui ont fait le plus d'honneur, au xve siècle, à l'école de Rouen. On en trouvera une preuve nouvelle, et très frappante, en comparant la *Tour de Babel* de la planche XIII avec la planche documentaire n° 4.

Au cours de nos dernières recherches, nous avons reconnu la manière de l'atelier dans cinq Livres d'Heures, dont trois sont conservés à la Bibliothèque Nationale et deux à la Bibliothèque de Rouen. Parmi ces derniers, le ms. Y 144 est très médiocre, et le ms. Y 140 a été gâté par une « restauration ». A Paris, les mss. lat. 894, lat. 10559 et n. acq. lat. 894 (2) sont d'une exécution fort soignée, et présentent avec les Heures de l'Arsenal et celles de Cherbourg des ressemblances étroites, que nous relèverons plus loin (3).

(1) Voir la notice de la planche II. Cf. Ritter et Lafond, *op. cit.*, pp. 22 et 23.

(2) On trouvera la description de ces manuscrits dans le monumental ouvrage de M. l'abbé Leroquais : *Les Livres d'Heures manuscrits de la Bibliothèque Nationale*, Paris, 1927, deux vol. et un album in-4°.

(3) De son côté, M. A. Boinet, dans son ouvrage sur la *Collection de Miniatures de M. Edouard Kann* (Paris, 1926, in-folio), rapproche avec raison des Heures de l'Arsenal « six feuillets d'un Livre d'Heures

D'une façon générale, ces manuscrits reproduisent, pour les scènes du cycle de l'Enfance et du cycle de la Passion, les modèles suivis par les Heures de Cherbourg (1). Le manuscrit latin 10559 possède en outre un sujet très rare : *David et Abigaïl*, tiré du *Speculum humanæ Salvationis*, comme les peintures principales de notre manuscrit.

L'ICONOGRAPHIE DU MANUSCRIT : LE *SPECULUM HUMANÆ SALVATIONIS* ET LE *PÈLERINAGE DE L'AME*

Nul n'ignore aujourd'hui quelle influence exercèrent, sur la piété et sur l'art du moyen âge finissant, des livres comme la *Bible des Pauvres* et le *Speculum humanæ Salvationis* (2). La grande idée symbolique « d'une harmonie préétablie entre

rouennais des premières années du XVIe siècle ». *Le Bain de Bethsabée* et *Urie devant David* (*op. cit.*, pl. XX) sont identiques dans les deux manuscrits.

(1) Cette remarque vaut aussi pour un Livre d'Heures décrit par le libraire Olschki (catalogue LXXIV, Florence, 1910, in-4°, n° 35) et que j'attribue à l'atelier de « Nicolas Huse ».

(2) Emile MALE : *L'Art religieux à la fin du Moyen Age*, 2e édition, Paris, 1922, pp. 232-235 ; Paul PERDRIZET : Etude sur le *Speculum humanœ Salvationis*, Paris, 1908, in-8° ; J. LUTZ et Paul PERDRIZET : *Speculum humanœ Salvationis*, Mulhouse, 1907, in-fol. avec album ; A. DUTUIT : *Manuel de l'Amateur d'Estampes*, Paris, 1884, in-8°; Ernst KLOSS : *Speculum humanœ Salvationis*, Munich, 1925, in-4° (fac-simile d'un exemplaire xylographique).

Les diverses éditions de la *Bible des Pauvres* ont été reproduites en format in-4° : par Berjeau, Londres, 1859 (40 pl.); par Paul Heitz, Strasbourg, 1903 (50 pl.), et par Paul Kristeller, Berlin, 1906 (34 pl.)

l'Ancien et le Nouveau Testament », si magnifiquement mise en œuvre par les Pères de l'Eglise d'abord, puis par les artistes de l'abbé Suger, y trouvait son plein épanouissement, en fournissant aux peintres et aux imagiers une abondance de sujets peu connus, tirés de la Bible, de la tradition et même de la légende profane pour illustrer l'histoire de la Rédemption.

« On peut affirmer, a écrit M. Emile Mâle, à propos de Jean Van Eyck et de Roger Van der Weyden, que tout artiste qui se respectait avait dans son atelier un manuscrit du *Speculum humanæ Salvationis* » (1). Notre « Nicolas Huse » en avait-il un ? Possédait-il, du moins, lui qui vivait à l'âge d'or de la gravure sur bois, un exemplaire xylographique du livre fameux, ainsi qu'une *Bible des Pauvres ?*

Il disposait, en tous cas, de modèles étroitement inspirés de ces deux sources, et il ne se faisait pas scrupule de les copier, comme on le verra en lisant la notice des planches. Bien mieux, sa plus grande originalité — si ce mot est de mise en pareille occasion — consiste à avoir donné aux « préfigures » du *Speculum,* le pas sur les faits de l'histoire évangélique.

Les miniatures du Livre d'Heures de Cherbourg comportent, en effet, un sujet principal, un sujet secondaire et, entre les deux, une vignette encadrée dans l'initiale d'un verset. Or, les sujets consacrées par l'usage, de l'*Annonciation* et de la *Visitation* à la *Crucifixion* et à la *Pentecôte* sont invaria-

(1) *Op. cit.*, p. 236.

blement relégués à la seconde place. Au témoignage du savant abbé Leroquais, notre manuscrit constitue une exception unique (1).

Le commentaire détaillé de chaque miniature, qu'on trouvera plus loin, nous dispense d'un plus long développement, Personne ne se plaindra, par exemple, que nous ne recherchions pas ici pourquoi tel ou tel « antitype » ne correspond pas, dans les Heures de Cherbourg, à son véritable « type » historique. Il suffit de signaler le fait, qui semble prouver décidément que notre artiste n'a pas utilisé directement le *Speculum humanæ Salvationis* (2).

Il reste à dire un mot de la miniature la plus curieuse de notre livre au point de vue de l'iconographie, celle qui figure le *Jugement particulier*. On n'a jamais cité, à ma connaissance, d'autre exemple de cette représentation, soit dans les

(1) On trouve bien, dans certains Livres d'Heures, des scènes tirées des recueils symboliques, mais ces miniatures sont rares, comme le prouve l'index du grand ouvrage de M. l'abbé Leroquais. Lorsqu'elles constituent des ensembles systématiques, elles sont subordonnées aux représentations de l'Evangile.

(2) On remarquera le soin qu'il a pris d'inscrire les noms des personnages, en lettres d'or, sur les miniatures tirées du *Speculum*. « Nicolas Huse » avait déjà éclairci de la sorte ses peintures des *Antiquités judaïques*. L'usage de ces inscriptions était d'ailleurs assez répandu quand il s'agissait de sujets plus ou moins obscurs, témoin les tapisseries allégoriques du xve et du xvie siècles.

Au feuillet de la Sibylle (pl. VI), le possesseur du livre a tenu à écrire les noms à l'encre, en français, les indications primitives s'étant effacées.

livres liturgiques, soit dans l'art monumental. Notre miniature peut prendre place, parmi les sujets uniques, à côté de l'*Enfant Jésus « navré » par le péché d'Adam* et d'*Adam implorant le pardon de la Sainte Vierge*, qui se trouvaient dans le *Livre d'Heures de l'Ecole de Jean Bourdichon*, publié en 1927 par la Société des Bibliophiles normands.

Cette fois-ci du moins, j'ai pu découvrir la source littéraire du motif, grâce à la vivante analyse du *Pèlerinage de l'Ame*, de Guillaume de Digulleville, donnée par le regretté Ch.-V. Langlois (1). En me reportant au texte lui-même, il m'a été facile d'expliquer tous les détails d'une fiction symbolique assez compliquée (2).

Certes, il est peu probable que « Nicolas Huse » se soit inspiré directement du vieux et prolixe Guillaume de Digulleville. Une fois de plus, notre artiste aura copié un modèle rencontré sur son chemin. On avouera que la rencontre ne manquait pas d'intérêt.

*
* *

En terminant cette longue étude, qu'il nous soit permis de remercier ici les savants amis qui ont aidé et favorisé nos recherches : M. Henri Omont, membre de l'Institut, à qui ces pages sont respectueusement dédiées ; le comte A. de

(1) Ch.-V. Langlois : *La Vie en France au Moyen Age* (4e volume), *la Vie spirituelle... d'après des écrits en français à l'usage des laïcs.* Paris, 1928, in-16, pp. 244-9.

(2) Voir la notice de la planche XVII.

Laborde, membre de l'Institut ; MM. Philippe Lauer et André Martin, conservateurs adjoints, et M. Georges Huard, bibliothécaire à la Bibliothèque Nationale ; M. Paul Le Cacheux, archiviste de la Seine-Inférieure ; M. Henri Labrosse, directeur des Bibliothèques de la Ville de Rouen ; M. E. Avoine, bibliothécaire-archiviste de la Ville de Cherbourg ; M. Pierre Le Verdier, président de la Société des Bibliophiles normands ; M. l'abbé V. Leroquais ; M. Emile-A. Van Moé, membre de l'Ecole française de Rome. Nous rendrons aussi hommage très volontiers aux soins diligents dont l'imprimerie Lainé et la phototypie Lecerf, de Rouen, ont entouré notre publication.

NOTICE DES PLANCHES

Pl. I. — Fol. 12 r°. Les Quatre Evangiles.

En bas : *Supplice de saint Jean l'Evangéliste devant la Porte Latine.*

En haut, la miniature principale est partagée en quatre compartiments où sont représentés *saint Jean, saint Matthieu, saint Luc et saint Marc composant leurs Evangiles.* Dans un médaillon circulaire, au milieu, l'agneau pascal, nimbé, tenant le labarum (fond bleu étoilé).

Saint Jean est représenté dans l'île de Patmos, et les autres Evangélistes dans leurs demeures, décorées par le miniaturiste de panneaux de marbre selon la formule de Jean Fouquet et de Jean Bourdichon. Des inscriptions courent sur les frises. Elles ne sont guère plus faciles à déchiffrer sur l'original que sur notre phototypie.

Quand au motif de l'agneau pascal, ainsi placé il est à coup sûr fort rare. Faut-il y voir un nouveau témoignage de l'origine rouennaise du manuscrit ? On sait que l'agneau pascal est la pièce principale des armoiries de Rouen.

Pl. II. — Fol. 16 v°. Oraison a la Sainte Vierge (*Obsecro te*). Initiale et bordure ornées.

Sur un fond d'or semé de points noirs, sont jetés des rinceaux blancs ombrés de gris bleu, et des rinceaux bleus rehaussés de blanc et de rouge, ainsi que de minces tiges portant des feuilles vertes, des roses, des bleuets et des fleurettes rouges et bleues.

Un dragon et un oiseau animent cette bordure, qui dérive, comme nous l'avons dit, du type mis en honneur à Rouen, vers 1475, par l'atelier du missel Perchart.

Pl. III. — Fol. 19 v°. Oraison a la Sainte Vierge (*O Intemerata*). Initiale et bordure ornées.

Même décoration, avec emploi de la pâquerette et du fraisier.

Pl. IV. — Fol. 24 r°. Petit Office de la Sainte Vierge *selon l'usage de Rouen* : Matines.

En bas : l'*Annonciation*.

L'ange, vêtu de rouge, porte un frêle sceptre d'or. La Sainte Vierge est vêtue d'une robe violette et d'un manteau bleu. Ce sont les couleurs qu'on lui donne dans toutes les miniatures du livre et même de l'atelier.

Rappelons que nos petites peintures de l'histoire évangélique offrent une ressemblance générale avec les grandes miniatures des autres livres par nous attribués à « Nicolas Huse ». (Cf. à la Bibliothèque Nationale les mss. lat. 1177 et 10559,, et à Rouen le ms Y 140, sans oublier le ms. de l'Arsenal.)

En haut : le *Buisson ardent* (*Exode*, III).

Au sommet du buisson, le Père éternel, nimbé, paraît au milieu de minces flammes rouges.

Moïse se cache le visage de la main gauche, « car il craignait de regarder Dieu », et de la main droite, il enlève ses souliers pour obéir à la voix qui lui disait : « Ote les sandales de tes pieds, car le lieu sur lequel tu te tiens est une terre sainte. »

Le peintre a donné à son personnage des chausses sans avant-pied (Cf. ENLART : *Manuel d'Archéologie française*, t. III (Le Costume). Paris, 1916, p. 552). Il a inscrit le nom « Moyse » en lettres d'or au-dessus du pied droit.

Cette miniature présente une ressemblance générale avec la gravure du *Speculum humanæ Salvationis* xylographique (voir ci-après : *Documents*, pl. 1) et une similitude plus marquée avec celle de la *Bible des Pauvres*.

Dans l'initiale D : la *Toison de Gédéon* (*Juges*, VI).

Cette menue composition procède, elle aussi, des modèles xylographiques. Sur le thème, voir MÂLE : *L'Art religieux du XIII*e *siècle*, 2e édition, 1902, p. 180 ; LUTZ et PERDRIZET : *op. cit.* p. 191.

Au chapitre VII du *Speculum humanæ Salvationis*, l'*Annonciation* est accompagnée de trois « figures » : le *Buisson ardent*, la *Toison de Gédéon* et *Rébecca donnant à boire à Eliézer* (*Genèse*, XXIV).

PL. V. — Fol. 31 v°. LAUDES.

En bas : la *Visitation*.

Dans l'initiale D : la Sainte Vierge chantant le *Magnificat*.

En haut : le *Songe de l'Echanson de Pharaon* (*Genèse*, XL).

Le grand échanson est assis dans une prison figurée par une tour ouverte. Ses jambes enchaînées sont prises dans un cep sur lequel on lit difficilement l'inscription : « bouttillier pharaon ».

De la main gauche, il tend à « pharaon », debout à droite, entouré de sa suite, la coupe d'or dans laquelle il a exprimé le jus de la vigne symbolique.

Le *Songe de l'Echanson* figure au chapitre VIII du *Speculum*, avec la *Verge d'Aaron* et la *Sibylle de Tibur*, comme « antitype » de la *Nativité*.

PL. VI. — Fol. 40 v°. PRIME.

En bas : la *Nativité*.

En haut : *Auguste et la Sibylle de Tibur*.

Instruit par la Sibylle de Tibur, l'Empereur adore la Vierge mère qui lui apparaît dans une gloire rouge, étoilée d'or et bordée de nuages bleus.

Ce curieux sujet, dont les origines ont été parfaitement démêlées par M. Perdrizet (LUTZ et PERDRIZET, *Op. cit.*, pp. 192-194), a connu une vogue universelle, à la fin du moyen âge, grâce au *Speculum humanæ Salvationis* qui l'a adopté, en son chapitre VIII, comme l'une des figures de la *Nativité*, et grâce au théâtre religieux. (Cf. Louise LEFRANÇOIS-

Pillion : *Le « Mystère d'Octovien et la Sibylle » dans les Statues de la Tour de Beurre à la Cathédrale de Rouen,* au tome XLVII de la *Revue de l'Art ancien et moderne.*)

Notre peinture est presque identique (sauf en ce qui concerne le paysage) à une miniature de la Bibliothèque de l'Arsenal, reproduite ici-même. (*Documents*, pl. 4.)

Le nom de la Sibylle et d' « Octovien » étaient écrits en lettres d'or sous les pieds des personnages. Ils ont été répétés à l'encre, plus tard, à la partie supérieure de la miniature.

Dans l'initiale D ; un personnage de l'*Annonce aux Bergers*, sujet repris dans la peinture suivante.

Pl. VII. — Fol. 44 v°, Tierce.

En bas : l'*Annonce aux Bergers.*

Ainsi que l'initiale de la planche précédente, le D majuscule complète l'*Annonce aux Bergers :* un joueur de cornemuse y est représenté, à mi-corps.

En haut : le *Songe de Jacob* (*Genèse*, XXVIII).

Le patriarche est couché sur le sol, la tête sur une pierre. Inscription : « Jacob ».

Trois anges, aux tuniques de couleur bleue ou rouge, montent et descendent sur l'échelle céleste dont l'extrémité est tenue par Dieu lui-même, qui apparaît dans une gloire jaune et rouge.

Le *Songe de Jacob* figure dans le *Speculum,* mais au chapitre xxxiii, comme « antitype » de l'Ascension. Dans la *Bible des Pauvres*, il est associé à la représentation des *Elus dans le sein de Dieu* (chapitre XXXIX de l'édition en quarante planches, et XLIX de l'édition complète).

PL. VIII. — Fol. 47 r°. SEXTE.

En bas : l'*Adoration des Mages*.

En haut : les *Mages apercevant l'Etoile*.

« Dans la nuit de la naissance du Christ, une étoile apparut aux Mages, qui avait la forme d'un très bel enfant, avec une croix resplendissante au-dessus de la tête ; et elle leur dit : « Allez vite dans la terre de Juda, vous y trouverez un enfant nouveau-né qui est le roi que vous attendez ! »

Ce récit de la *Légende dorée* a été repris par le *Speculum humanæ Salvationis*, en son chapitre IX. (Voir LUTZ et PERDRIZET, *op. cit.*, p. 195.) C'est là que Roger Van der Weyden l'a trouvé quand il a peint son célèbre triptyque de la *Nativité*, au musée de Berlin. (MALE : *L'Art religieux de la fin du moyen âge*, p. 236.)

Dans l'initiale D : le *Massacre des Innocents*.

PL. IX. — Fol. 49 v°. NONE.

En bas : la *Présentation de Jésus au Temple*.

La Sainte Vierge est accompagnée d'une suivante, sans nimbe, qui porte un cierge comme à la procession de la Chandeleur.

En haut : le *Sacrifice d'Abraham*. (*Genèse*, XXII.)

Inscriptions : « Abraham », « Ysaac ».

Notre miniature offre une ressemblance générale avec la gravure de la *Bible des Pauvres*, où le *Sacrifice d'Abraham* est représenté, avec le *Serpent d'Airain*, comme figure de la *Crucifixion*.

Le sujet n'a pas été retenu par l'auteur du *Speculum*, bien qu'il ait été de tout temps rapproché du sacrifice du Calvaire par les docteurs et les artistes chrétiens. Mais dans les incunables xylographiques, il remplace *Isaac portant le bois du sacrifice* comme figure du *Portement de Croix* (chap. XXII).

Dans l'initiale D : *Baptême du Christ*.

PL. X. — Fol. 51 r°. VÊPRES.

En bas : la *Fuite en Egypte*.

Dans l'initiale D. : un *Soldat d'Hérode* (identique à celui du *Massacre des Innocents*) lancé à la poursuite de la Sainte Famille, passe devant un champ.

C'est sans doute un souvenir de l'apocryphe « Miracle du Semeur » (C. JÉGLOT : *La Vie de la Vierge dans l'Art*, Paris, 1927, p. 116), souvent représenté dans les Livres d'Heures, et notamment dans un autre manuscrit de la bibliothèque de Cherbourg (n° 6).

En haut, la *Transfiguration*.

Selon l'ordonnance en honneur à la fin du XVe siècle, Moïse et Elie apparaissent à mi-corps. Saint Jean et saint Pierre se reconnaissent à leur type physique. Saint Jacques porte à son chapeau la coquille des pèlerins de Compostelle.

Le visage et les mains du Christ sont dorés. C'est un détail emprunté à la mise en scène des mystères. (Male : *Op. cit.* p. 68).

La *Transfiguration* n'a pas trouvé place dans la série iconographique du *Speculum,* mais elle forme le centre d'une planche de la *Bible des Pauvres.*

Pl. XI. — Fol. 54 v°. Complies.

En bas : *Couronnement de la Vierge.*

Dans l'initiale C : la *Vierge de l'Assomption*, représentée en buste, les mains jointes.

En haut : *la Reine de Saba devant Salomon.* (II Chron. IX).

Inscriptions dorées : « Salomon », « La Royne de saba ».

Les lettres tracées sur les architectures, se déchiffrent aisément sur la phototypie, ce qui ne veut pas dire qu'elles soient aisées à interpréter. Celles que l'artiste a inscrites sur la coiffe noire de la reine ne sont pas plus lisibles dans la miniature que dans la reproduction.

La *Reine de Saba* est placée au chapitre xlii du *Speculum*, à côté de la représentation du *Paradis*. Dans la *Bible des Pauvres*, ce sujet est un « antitype » de l'*Adoration des Mages*.

Pl. XII. — Fol. 58 r°. Heures de la Croix.

En bas : *la Mort du Christ sur la Croix.*

Dans l'initiale D : *la Mort d'Absalon*. (II Samuel, XVIII.)

En haut : *le Supplice d'Isaïe*.

D'après la tradition, le prophète Isaïe fut mis à mort par Manassès, fils d'Ezéchias, qui le fit scier en deux. (Cf. LUTZ et PERDRIZET : *op. cit.*, pp. 211 et 212.)

Isaïe est ici attaché par les pieds et par les mains à un cadre de bois de forme rectangulaire, comme dans le manuscrit de Sélestat reproduit par Lutz et Perdrizet.

Dans le *Speculum* xylographique et dans la *Bible des Pauvres*, les pieds du prophète sont rapprochés et liés à une barre suspendue.

Pour accomplir son affreuse besogne sans dommage pour ses aiguillettes, le bourreau de droite a dû « avaler » ses « chausses à queues » en dénouant l'attache de derrière. (Cf. Adrien HARMAND : *Jeanne d'Arc, ses costumes, son armure*. Paris, 1929, in-4°, p. 128.)

Inscriptions dorées : « Isaye ». « Manasses ».

Comme dans la *Bible des Pauvres*, le *Supplice d'Isaïe* figure au *Speculum* (chapitre XXIII) en regard de la *Mise en Croix*. La *Mort d'Absalon* sert d' « antitype » à la *Mort du Christ sur la Croix* (chapitre XXV).

PL. XIII. — Fol. 60 v°. HEURES DU SAINT-ESPRIT.

En bas : la *Pentecôte*.

La *Colombe* du Saint-Esprit est figurée, sur un fond bleu étoilé d'or, dans l'initiale D.

En haut : la *Tour de Babel*. (Genèse, XI.)

Selon la légende suivie par le *Speculum*, c'est Nemrod (représenté ici à gauche, avec l'inscription « Nambroth », dans une gigantesque armure d'or à reflets rouges) qui dirige la construction de « la tour de Babilone », dont la maçonnerie gris-bleu clair atteint le troisième étage. Mais Dieu paraît et envoie son ange pour jeter la confusion parmi les ouvriers qui déploient cette activité téméraire.

Tous les détails de cette composition si vivante sont exactement copiés sur un modèle rouennais antérieur d'une trentaine d'années. Voir notre planche de *Documents* n° 2.

La *Tour de Babel* accompagne la *Pentecôte* au chapitre xxxiv du *Speculum*.

Pl. XIV. — Fol. 64 r°. Psaumes de la Pénitence.

En haut : *David et Bethsabée*. (II Samuel, XI.)

Bethsabée, nue, se baigne dans le bassin d'un jardin planté d'arbres et d'arbustes. David paraît à la fenêtre de son palais et la désigne du doigt à ses compagnons.

Inscriptions dorées : « David », « bersabée ».

Il y a un rapport très étroit entre cette scène et une autre miniature rouennaise (Bibliothèque Nationale, n. acq. lat. 894. *Livre d'Heures à l'usage de Rouen*, fol. 63). La principale différence, c'est que Bethsabée voile sa nudité de la main droite, et laisse pendre l'autre main dans l'eau. C'est exactement l'attitude qu'elle a dans le Livre d'Heures n° 416 de l'Arsenal.

Notre Bethsabée ressemble beaucoup aussi à celle des *Heures dites de Henri IV* (B.N. lat. 1171. Reprod. C. C[ouderc] pl. XXXII), passées de la Bibliothèque de Gaillon dans le Cabinet du Roi.

Ces œuvres rouennaises font voir nettement leur parenté avec l'école de Jean Bourdichon, qui a donné au *Bain de Bethsabée* (déjà figuré au XIIIe dans une vignette du *Psautier de Saint Louis*), la vogue qu'il a connue au temps de la Renaissance. (Cf. notre *Livre d'Heures de l'Ecole de Bourdichon*, déjà cité, pl. XXVII et page 31.)

En bas : la *Mort d'Urie.* (II Samuel, XI.)

Le combat où l'époux de Bethsabée trouve la mort ressemble beaucoup aux scènes de bataille des *Antiquités judaïques*. Voir notre planche documentaire n° 3.

Dans l'initiale D, la *Pénitence de David.* (II Samuel, XII.)

Le roi David est agenouillé dans la campagne, à côté de sa harpe posée à terre. La face de Dieu lui apparaît dans une gloire.

Pl. XV. — Fol. 74 r°. Page de texte, avec initiales petites et moyenne, bouts de lignes, etc.

Pl. XVI. — Fol. 74 v°. Litanies des Saints. Petites initiales et bouts de lignes.

On remarquera le grand nombre des saints tirés du calendrier de Rouen : SS. Romain, Ouen, Ansbert, Sever, Lô, Taurin, Wandrille, etc.

Dans les feuillets précédents, on relève pareillement les noms des SS. Ursin, Mellon, Godard et Médard, et, au fol. 75, celui de sainte Austreberthe.

Pl. XVII. — Fol. 77 v°. Office des Morts.

Dans l'initiale D, la *Mort* frappe de sa javeline un homme vêtu d'une robe rouge.

En bas : les *Funérailles.*

Deux fossoyeurs couchent dans la tombe un cadavre enveloppé dans un linceul blanc, sur lequel des points d'or tracent une croix. Ils ont posé à terre leur pioche et leur bêche. On aperçoit, à droite, une croix de bois et, à gauche, la chapelle du cimetière.

Ces deux sujets se rencontrent souvent, sous une forme moins simplifiée, dans les Livres d'Heures illustrés, ainsi que d'autres thèmes comme celui des *Trois Morts et des Trois Vifs*. Il n'en est pas de même de notre miniature principale, dont le sujet ne se trouve, à notre connaissance, dans aucun autre Livre d'Heures.

Elle représente le *Jugement particulier*, d'après le *Pélerinage de l'Ame* de Guillaume de Digulleville (1).

Le tribunal est présidé par saint Michel, le « prévot du Ciel », qui trône dans une chaire à baldaquin, sa longue croix d'or à la main. A droite et à gauche de l'archange sont assis saint Pierre, qui tient les clefs, et saint Paul, armé de son glaive.

A la barre s'agenouille une âme assistée de son ange gardien, mais réclamée par Satan, qui tente de faire pencher de son côté la balance de la Justice. La ruse du diable sera

(1) Voir l'Introduction, p. xxiij.

vaine, car la Miséricorde (debout à gauche) vient d'apporter, dans l' « escrin » qu'elle tient à la main, une lettre de « Jésus, haut seigneur du Ciel ».

Déposée sur le plateau des bonnes actions « avec une cédule de saint Benoît », cette lettre emporte la balance. Le juge envoie l'âme au Purgatoire, tandis que Satan en appelle au Jugement dernier.

Les trois figures féminines qui complètent le tribunal sont la Vérité, la Raison et peut-être la vierge sainte Catherine, que nomme aussi Guillaume de Digulleville.

Nous avons interprété cette miniature, unique dans l'iconographie liturgique, en nous reportant aux manuscrits illustrés du *Pélerinage de l'Ame*, que possède la Bibliothèque Nationale. Presque tous dispersent les péripéties du *Jugement particulier* dans plusieurs miniatures : cinq dans le manuscrit français 1647, une quinzaine dans le ms. fr. 1138, une trentaine dans le ms. fr. 377 et une cinquantaine dans le ms. fr. 376. La composition que notre peintre a établie (ou copiée) ramasse tous les détails essentiels. Il n'y manque qu'un personnage d'importance, Syndérèse, l'accusatrice. Mais cette figure singulière et peu gracieuse, dont le corps de serpent symbolise le remords de conscience, ne se comprenait qu'avec le texte du poème. Le miniaturiste rouennais a bien fait de la laisser de côté.

Pl. XVIII. — Fol. 110 v°. Les Sept Requêtes a Notre-Seigneur. Initiale et bordure ornées.

Même décoration qu'aux planches II et III, avec emploi du chardon. En haut, l'un des premiers possesseurs du livre a écrit à l'encre : « J[e]han Louvel loue † dieu. »

PLANCHE DOCUMENTAIRE N° 1. — Deux sujets tirés du *Speculum humanæ Salvationis* xylographique (Bibliothèque Nationale, Rés. xyl. 44) :

A) Fol. 20 v°. *L'Echanson de Pharaon.* Cf. notre planche V.

B) Fol. 18 v°. *Le Buisson ardent.* Cf. notre planche IV.

Sur le *Speculum* xylographique, voir A. DUTUIT, E. KLOSS, *op. cit.*, et DELEN : *Histoire de la Gravure dans les anciens Pays-Bas*, Paris et Bruxelles, 1924, in-4°, pp. 70-73 et pl. XXII.

PLANCHE DOCUMENTAIRE N° 2. — *La Tour de Babel*, miniature de la *Cité de Dieu* (Bibliothèque Nationale, ms. fr. 27, fol. 122).

Nous avons là le modèle de la composition reproduite dans notre planche XIII. Il a été suivi avec une fidélité remarquable, à la seule exception du cortège du roi Ninus et de la ville de Babylone (à gauche).

Notre enlumineur a exagéré le caractère fantaisiste de l'armure de Nemrod, mais il n'a pas inventé le détail qui nous surprend le plus : les bottes ou « houseaux », si peu compatibles avec le « harnais de jambes ».

Le ms. 27 de la *Cité de Dieu* est d'origine rouennaise, ainsi que le ms. 28 qui le complète. Le comte A. de Laborde (*Les Manuscrits à peinture de la Cité de Dieu,* Société des Bibliophiles françois, 1909, t. II, pp. 359 et suiv., et pl. XXXVI) avait déjà remarqué qu'ils ont été « copiés exactement sur les manuscrits fr. 23 et 24 ». Or, ces deux volumes, exécutés vers 1400, faisaient partie de la bibliothèque des Echevins de Rouen.

Nous reconnaissons dans les manuscrits fr. 27 et 28 l'un des meilleurs ouvrages du groupe du *Missel Perchart*, dont les traditions se perpétuaient, nous l'avons dit, dans l'atelier de « Nicolas Huse ». (Voir aussi notre quatrième planche documentaire.)

PLANCHE DOCUMENTAIRE N° 3. — Une miniature des *Antiquités judaïques* de la Bibliothèque Mazarine (d'après RITTER et LAFOND : *Manuscrits à peintures de l'Ecole de Rouen*, pl. XLIII, cf. p. 46).

C'est l'une des peintures sur lesquelles M. F. de Mély a relevé le groupe de lettres N HVSE, qu'il interprète comme la signature du chef de notre atelier. Ces caractères sont tracés sur la corniche de l'appartement où se déroule le couronnement de l'empereur.

Cet édifice, qui offre un mélange très caractéristique des formes gothiques et du décor Renaissance, est flanqué de contreforts absolument identiques, avec leurs tabernacles et leurs statues, à ceux qui forment l'encadrement de nos miniatures.

Quant au tableau de bataille et à son paysage, ils se prêtent à des comparaisons avec nos planches XIV, VI, VII, IX, X, etc.

Planche documentaire n° 4. — *Auguste et la Sibylle de Tibur*, miniature des *Heures à l'usage de Rouen*, n° 416 de la Bibliothèque de l'Arsenal.

Ce manuscrit est l'œuvre la plus brillante de notre atelier. Sa supériorité éclate si l'on compare son *Auguste et la Sibylle* avec notre planche VI. Des deux côtés on trouve bien le même patron, mais non pas la même habileté.

N'est-il pas intéressant de constater que, dans la miniature de l'Arsenal, le palais d'Auguste ressemble fort à la Babylone de notre deuxième planche documentaire, tirée, comme on l'a vu, de la *Cité de Dieu ?*

Nous avons signalé naguère (Ritter et Lafond, *op. cit.*, p. 27) la présence dans les Heures de l'Arsenal d'une remarquable composition : le *Paradis et l'Enfer*, empruntée au répertoire de l'atelier Perchart. Nous l'avons rencontrée depuis dans la même *Cité de Dieu.* (B. N. fr. 28, fol. 249 v° et 273 v°.)

Or, les comptes publiés par A. Deville nous apprennent que les enlumineurs de Georges d'Amboise travaillaient, en 1503, à une *Cité de Dieu*, aujourd'hui conservée à Edimbourg (*Advocates' Library*). On ne se risquerait pas beaucoup en supposant qu'ils avaient pour modèle le beau livre dont nous venons de parler, et qui avait été copié lui-même, répétons-le, sur la *Cité de Dieu* des Echevins de Rouen.

Ainsi se transmettait, de génération en génération, l'héritage artistique de notre province.

I

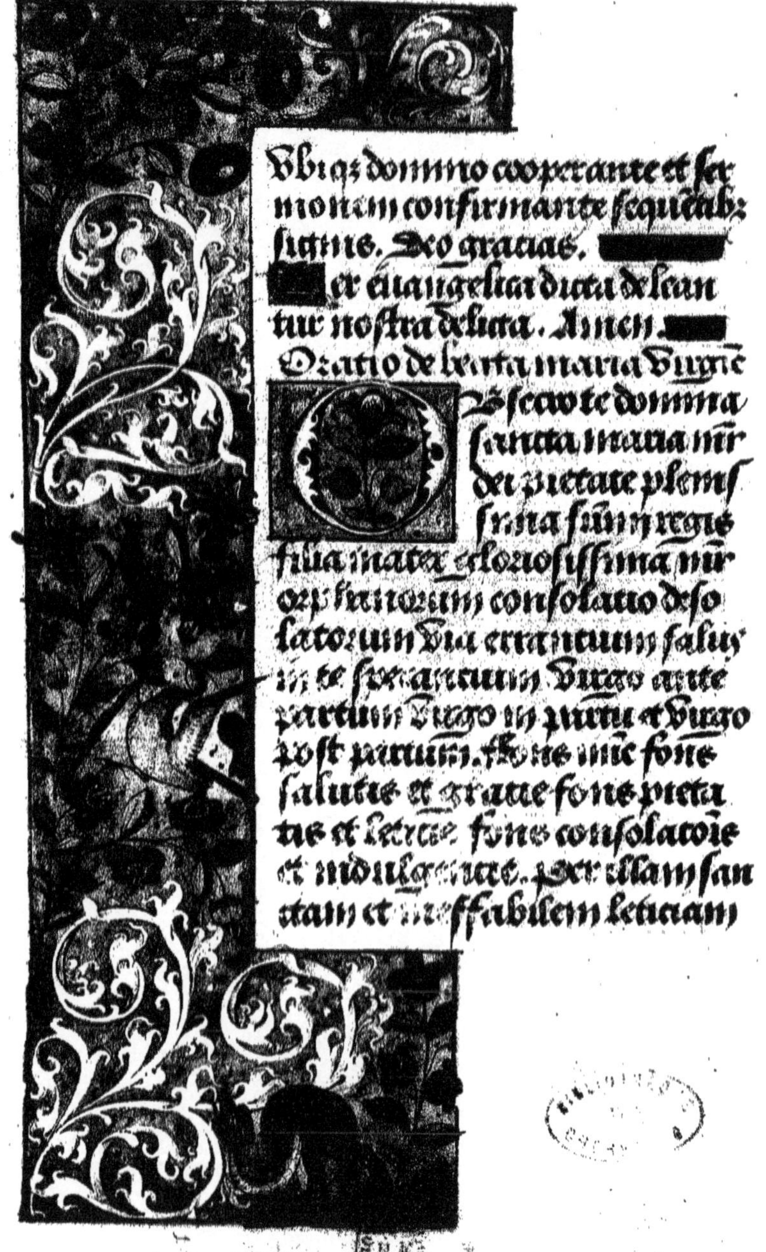

Ubiqz domino cooperante et ser
monem confirmante sequentibz
signis. Deo gratias.
Per euangelica dicta deleantur nostra delicta. Amen.
Oratio de beata maria virgine
Obsecro te domina
sancta maria mr
dei pietate plenis
sima summi regis
filia mater gloriosissima mr
orphanorum consolatio deso
latorum via errantium salus
in te sperantium virgo ante
partum virgo in partu et virgo
post partum. Fons misericordie fons
salutis et gratie fons pieta
tis et leticie fons consolatoie
et indulgentie. Per illam san
ctam et ineffabilem leticiam

sima virgo maria mater dei et
misericordie. Amen. Alia oratio.
O intemerata et in eter-
num benedicta
singularis atque
incomparabilis
virgo dei genitrix
maria gratissimum dei tem-
plum spiritus sancti sacrarium
ianua regni celorum per quam
post deum totus vivit orbis ter-
rarum. De te enim unigenitus
dei filius verus et omnipotens
deus suam sanctissimam fecit
matrem. Assumens de te illam
sacratissimam carnem per quam
mundus qui perditus erat
salvatus est. Cuius precio-
sissimo sanguine suo totus mundus redemptus est et peccata re-

IV

mine labia mea
aperies . t os me
um annunciabit
laudem tuam eus in adiu

Eus in adiutorium
meum intende. Do
mine ad adiuuandu
me festina. Gloria patri et :

VI

Eus in adiutoriu
meum intende.
omine ad adiu
uandum me festina.

VII

Eus in adiutoriu
meum intende.
omine ad adiu
uandum me festina.

VIII

eus in adiutoriu
meum intende.
omine ad ad
iuuandum me festina.

IX

eus in adiutorium
meum intende.
omine ad adiu
uandum me festina.

X

XI

XII

Domine labia mea
aperies. Et os meũ
annunciabit laudẽ
tuam. Deus in adiutoriũ meũ.

XIII

XIV

mentum veterascent.
t sicut opertorium mutabis
eos et mutabuntur: tu autem
idem ipse es: et anni tui non deficient.
ilii servorum tuorum habi
tabunt: et semen eorum in se
culum dirigetur.
loria patri &c.
e profundis clama
vi ad te domine: domine
exaudi vocem meam.
iant aures tue intenden
tes: in vocem deprecationis mee.
iniquitates observaveris
domine domine quis sustinebit.
uia apud te propitiatio
est: et propter legem tuam sustinui
te domine.
ustinuit anima mea in
verbo eius: speravit anima mea in domino.

ancte romane. or
ancte audoene. or
ancte ausberte. or
ancte seuere. or
ancte laude. or
ancte eligi. or
ancte egidi. or
ancte iuliane. or
ancte nicolae. or
ancte taurine. or
ancte benedicte. or
ancte maure. or
ancte leonarde. or
ancte wandregisile. or
ancte wlfranne. or
mnes sancti confessores. orate
ancta maria magdalena. or
ancta agatha. or
ancta agnes. or
ancta margareta. or

lexi quoniam exau
diet dominus vocem
orationis mee

+HAN LOUVEL
loue + dieu

de dieu soit faitte es cieulx en terre
et en mer. Amen.
Ave maria.
Doulx dieu doulx
pere sainte trinite
ung dieu beau sire
dieu je vous requier
conseil et aide en l'onneur et en
la remembrance dicellui hault
tesime conseil que vous preistes
de vostre propre sapience quant vous
envoiastes vostre saint angele
gabriel a la vierge marie dire
et annuncier sa nouvelle de nostre
salut. Ave comment ce fut
vray vous requier je conseil et
aide que vous me conseilliez en
telle maniere comme vous scavez
que mestier mest en l'onneur
de vous et de vostre foy. et de mon

SPECULUM HUMANÆ SALVATIONIS. BIBL. NAT. Rés. xyl. 44.

BIBL. NAT. fr. 27, fol. 112.

Bibl. Mazarine, ms. 1581, fol. 371.

Documents. — 4

Bibl. de l'Arsenal, ms. 416, fol. 34 v°.

www.ingramcontent.com/pod-product-compliance
Ingram Content Group UK Ltd.
Pitfield, Milton Keynes, MK11 3LW, UK
UKHW022134260726
13993UKWH00003B/1437

9 782329 210308